Ein Schutzengelchen

WÜNSCHE
ICH DIR

GROH

Weil du mir wichtig bist, wünsche ich
dir ein *kleines Engelchen.*
Es soll dich auf all deinen Wegen begleiten,
dich beschützen und dir
ein zuverlässiger Freund sein.

DAS SCHÖNE GEFÜHL, IMMER UND
ÜBERALL BESCHÜTZT ZU SEIN,
KANN UNS NUR UNSER ENGEL SCHENKEN.

Irmgard Erath

Ich wünsche dir einen Engel,
der an deiner Seite ist, wenn
die Sonne aufgeht. Bei ihm kannst
du dich *geborgen fühlen*
und zuversichtlich in
jeden neuen Tag starten.

Mit einem Engel an unserer Seite gehen wir gelassen in den Tag.

ANGELIKA EMMERT

Dass dein Engelchen mit dir
die hellen Stunden genießt und dir
an trüben Tagen zeigt, dass auch
nach dem längsten Regenschauer
wieder die Sonne scheint,
das wünsche ich dir.

Hoffnung und Zuversicht
verleihen Flügel.
NINA SANDMANN

DEIN ENGEL HÄLT FÜR DICH
DIE AUGEN OFFEN UND ZEIGT DIR
DIE KLEINEN GLÜCKSMOMENTE
IN DEINEM LEBEN. VON OBEN
HAT ER JA AUCH EINEN
ZIEMLICH GUTEN ÜBERBLICK.

MIT EINEM EINZIGEN FLÜGELSCHLAG
KANN DEIN ENGEL DIE RICHTUNG
DEINER SCHRITTE SO WENDEN,
DASS DU **DEM GLÜCK** GERADEWEGS
INS GESICHT SCHAUST.

Yvonne Mölleken

Herumalbern, Quatsch machen,
das Leben einfach mal nicht so
ernst nehmen – für ganz viel *gute Laune*
in deinem Alltag wünsche ich dir
ein Engelchen, das für jeden Spaß
zu haben ist.

Wenn du einmal die
Orientierung verloren hast, vertraue
auf deinen kleinen Begleiter.
Er kennt dich gut und zeigt
dir den Weg zum Ziel.

*Haben wir uns im Leben verfahren,
bringt ein Schutzengel uns wieder
auf den richtigen Weg.*

ANGELIKA EMMERT

WENN DICH NIEMAND SO RICHTIG
ZU VERSTEHEN SCHEINT UND DU
AN DIR ZWEIFELST, SCHICKT DIR
DEIN ENGEL EIN ZEICHEN. DENN DU BIST
GENAU RICHTIG, SO WIE DU BIST.

DAS GROSSE IST NICHT,
DIES ODER DAS ZU SEIN, SONDERN,
MAN SELBST ZU SEIN.

Søren Kierkegaard

Ich wünsche dir gemeinsame Auszeiten mit deinem Engelchen. Denn manchmal vergessen wir auf der Jagd nach Perfektion, wie schön das Leben doch eigentlich schon ist.

Das Leben muss nicht perfekt sein,
um wundervoll zu sein.

UNBEKANNT

JEDER MACHT MAL EINEN FEHLER
ODER STOLPERT UND FÄLLT HIN.
ZUM GLÜCK IST DANN DEIN ENGELCHEN
BEI DIR UND TRÖSTET DICH.

DEIN SCHUTZENGEL KANN PLÖTZLICH
NEBEN DIR STEHEN. GERADE DANN,
WENN ER AM MEISTEN GEBRAUCHT WIRD.

Margit Hoffmann

Manchmal fühlt es sich leichter an,
einfach aufzugeben. Doch du
hast schon *so viel geschafft!*
Ich wünsche dir ein Engelchen,
das dich daran erinnert.

Der Glaube an unsere Kraft
kann sie ins Unendliche verstärken.
FRIEDRICH SCHLEGEL

Welche *Wünsche und Träume*
du auch hast, dein Engelchen gibt dir
die nötige Energie, um ihnen
Stück für Stück näher zu kommen.

… und falls du doch in Seenot
geraten solltest, ist *dein Engel*
für dich da und hilft dir.

DEIN ENGELCHEN BESCHÜTZT DICH
GERN, DENN DU BIST ETWAS BESONDERES.
DASS DU AUCH IN ZUKUNFT DEINEN
WEG GEHST UND DICH SICHER UND
GEBORGEN FÜHLST, DAS WÜNSCHE ICH DIR.

VON ALLEN GEFÄHRTEN,
DIE MICH BEGLEITEN, IST MIR
KEINER SO TREU GEBLIEBEN
WIE DER SCHUTZENGEL.

Clemens Brentano

Glück verleiht Flügel

Himmlische Botschaften für jeden Anlass
finden Sie auf:

www.groh.de
facebook.com/grohverlag
instagram.com/grohverlag

MIX
Papier aus verantwortungsvollen Quellen
FSC® C008457
FSC
www.fsc.org

Die nachhaltige Waldbewirtschaftung und die verantwortungsvolle Gewinnung des Rohstoffs Papier ist uns ein Anliegen. Daher wird dieses Buch auf FSC®-zertifiziertem Papier gedruckt.

SCHUTZENGEL ALLES GUTE

GLÜCK HIMMLISCHES GUTE GEDANKEN

Wünsch Freude

dir was SCHENKEN

Von Zeit zu Zeit können wir alle einen himmlischen Begleiter gebrauchen. Egal ob kleine Panne im Alltag oder ganz große Katastrophe – es ist schön zu wissen: Da gibt es jemanden, der an mich denkt und über mich wacht. Wir stellen Ihnen diesen Engel zur Seite, der Sie stets begleiten soll und mit den richtigen Worten auch in tristen Momenten ein kleines Lächeln schenkt.

Ihr Groh Team

Dieses Buch entstand in enger Zusammenarbeit mit meiner Kollegin Steffi Schmauder. Wir haben Ideen gesammelt, Gedanken sortiert, Texte verfasst und wieder verworfen, neu geschrieben und daran geschliffen, Zitate sorgfältig ausgewählt und geprüft, nach den schönsten Bildern gesucht und nicht aufgegeben, bis wir sie gefunden hatten. Mit unseren Grafikern haben wir die Gestaltung entwickelt und daran gefeilt, Cover und Farben abgestimmt und nicht locker gelassen, bis alle zufrieden waren. Wir haben uns über jedes Puzzlestück gefreut, das seinen Platz im großen Ganzen gefunden hat - und hier ist es nun: ein Geschenk, das von Herzen kommt.
Vielen Dank an alle Beteiligten.
Marlen Kleinhans

Textnachweis: Wir danken allen Autoren bzw. deren Erben, die uns freundlicherweise die Erlaubnis zum Abdruck von Texten gegeben haben.

Bildnachweis: Cover/S. 45: Masterfile/Crestock/Frank_L_Jr, U4/S. 18: Shutterstock/nito; Hintergründe: Shutterstock/Irtsya (Muster beige-weiß), Shutterstock/one AND only (Aquarell) S. 2: Masterfile/Crestock/Mik122; S. 4: Shutterstock/Irtsya; S. 5: Fotolia/phanuwatnandee; S. 6: iStock.com/cmart7327; S. 8: Getty Images/Moment/I am a Getty Images Contributor; S. 10: iStock.com/ballycroy; S. 13: Getty Images/Moment Open/Fernando Trabanco Fotografía; S. 14: Getty Images/EyeEm/Jason English; S. 17: iStock.com/Adam Wesolowski/www.studiohelios.pl; S. 20: Shutterstock/Evgeniy Zhukov; S. 23: Getty Images/Corbis/Bill Diodato; S. 25: iStock.com/Viktor_Gladkov; S. 26: Masterfile/F. Lukasseck; S. 28: Shutterstock/Kharlanov Evgeny; S. 31: Getty Images/Stockbyte/Joshua Hultuqist; S. 32: Plainpicture/Bildhuset/Johan Strindberg; S. 34: Shutterstock/Irtsya; S. 35: iStock.com/Marcus Hofmann; S. 36: iStock.com/littlestocker; S. 38: Shutterstock/Morrowind; S. 41: Masterfile Premium RF; S. 42: Masterfile Premium RF.

Layout: Dipl. Grafik Designerin Doris Wohofsky

Satz: Konstantin Wohofsky / wohofsky.net

Ein Schutzengelchen wünsche ich dir
ISBN 978-3-8485-1951-4

197006-6255-03